Mein Krebs oder

Was passieren kann, wenn man für's Chatten kein Interesse hegt

Vorwort

In diesem Sommer ist mir wieder eine etwas merkwürdige Geschichte passiert.

Ich wurde auf eine Bewerbung hin eingeladen, was aber letztendlich dann zunächst einmal einen Kurs nach sich ziehen sollte. Dieser Kurs war langweilig und hat mir nicht das gehoffte Wissen vermittelt. Viel schlimmer noch ist die Tatsache, dass ich das alles schon kannte und nicht in meinem Job gebrauchen kann. Nun saß ich also wieder acht Stunden umsonst rum, während ich in der gleichen Zeit Geld verlor, da ich nicht arbeiten konnte. Zudem habe ich schon einiges während der letzten Jahre im Internet gelernt. Die Geschichte hat wieder für einigen Wirbel gesorgt, weil sie vermeidbar gewesen wäre. Wieder steckt nämlich eine Namensverwechslung dahinter. Um zu vermeiden, dass sich diese Geschichte immer wiederholt und weiterhin unschuldige Menschen und vielleicht deren Berufslaufbahn darunter leiden, nur weil mein Ex-Arbeitgeber einen Unterschied bis heute nicht verstanden hat, gibt es hier einen Einblick in mein Leben und in das meiner Familie. Lassen Sie sich überraschen, was so alles passieren kann, wenn man kein Interesse am Chatten hat.

Wer hat mein Leben programmiert?

Wenn einer wohl bei der Programmierung seines Lebens auf abenteuerlich laut hier gerufen haben dürfte, dann war das wohl ich. Anders lassen die Geschichten nicht erklären, die ich erlebe. Gerade unlängst wieder habe ich eine Geschichte erlebt, die vermeidbar gewesen wäre, wenn ich beizeiten auf dieses Thema angesprochen worden wäre. Wenn ich verhindern will, dass noch mehr Schaden entsteht, als ohnehin schon entstanden ist, dann wird es an der Zeit, die Geschichte mal ausführlich zu beleuchten. Aber drehen wir doch die Uhr zunächst ein wenig zurück ins Jahr 2001 und die Jahre zuvor.

Am 20.12.2001 wurde bei mir die Diagnose Brustkrebs festgestellt. Schon zu damaliger Zeit war mein Leben ziemlich unruhig geworden. Allerdings kannte ich den Grund dafür nicht. Ich machte nichts ungewöhnliches, ging arbeiten und ging meinen Hobbys wie zum Beispiel den Fußballbesuchen bei Hertha nach. Das es noch ganze neun Jahre dauern würde, bis sich das Rätsel aufklären würde, ahnte ich zu dem Zeitpunkt noch nicht. Etwas anderes beschäftigte mich noch viel mehr. Zu diesem Zeitpunkt lebte meine Großmutter noch, die bereits fast zehn Jahre zuvor ihre Tochter aufgrund von Krebs verloren hatte.

Nun musste ich ihr also beibringen, dass es mich auch erwischt hatte. Wie macht man einer Frau von 90 Jahren klar, dass ihre Enkeltochter an Brustkrebs erkrankt ist? Sie hatte schon knapp zehn Jahre zuvor ihre Tochter durch Krebs verloren. Ich wusste es nicht. So drückte ich mich noch einige Tage bis nach Weihnachten, um es ihr dann zu erzählen. Dazu holte ich auch meinen Ex-Mann, da ich ja nicht wusste, wie sie reagieren würde.

Demzufolge war der Jahreswechsel nicht gerade ruhig. Ich suchte alle möglichen Stellen auf, um mich über Behandlungsmöglichkeiten zu informieren.

Zurückblickend muss man in Zusammenhang mit dieser Geschichte dabei aber auch auf die Zeit, als ich noch verheiratet war. Auch damals gab es schon Unruhe, die sich niemand in unserer Familie erklären konnte. Gut, auch ich hatte Familie von meines Vaters Seite her, aber ehrlich gesagt nie wirklich den

Kontakt gepflegt. Die Beziehungen waren auch nicht ganz so erwünscht.

Schließlich hatte ich insoweit ein schönes Leben, einen geregelten Job mit Verantwortung über 19 Jahre im öffentlichen Dienst und einen Mann.

Wir sind gern nach Frankreich verreist, meist zu einem Kurzurlaub. Es schien halt alles in Ordnung zu sein.

Erkrankung meiner Mutter

In der Forschung war Krebs in den 80er Jahren im Hinblick auf die Therapien noch nicht so weit entwickelt wie heute. Genau zu diesem Zeitpunkt traf im Jahr 1986 meine Mutter die Diagnose. Sie wurde dann auch sofort operiert und ihr eine Brust abgenommen. Der Tumor soll damals sechs Mal acht Zentimeter groß gewesen sein. Sie hat mir nie gesagt, was die Ärzte wirklich zu ihr gesagt haben, also wie schlimm es aussieht. Bei Krebserkrankungen wird ja meist auch das Stadium genannt, in welchem der Tumor steckt. Nur zwei Jahre später musste ihr eine Niere entfernt werden. Im Jahr 1990 brach ihr ein Knochen in der Wirbelsäule, da sie Knochenkrebs hatte. Letztendlich verstarb sie im Jahr 1992, als ich aus meinem ersten Auslandsaufenthalt nach Berlin zurückkam. Genau just zu dieser Zeit um das Jahr 1986 hatte ich mit meinem Ex-Mann begonnen, den Führerschein zu machen. Nachdem feststand, dass meine

Mutter schwerkrank war, blieb für den Führerschein keine Zeit mehr. So brach ich dann den Führerschein ab. Ich bin zwar schon recht temperamentvoll, aber das alles in allem hätte ich nicht geschafft.

Zeitweilig saß sie nämlich im Rollstuhl und musste runter getragen werden, damit sie etwas erleben konnte.

Beginn der Unruhen

Wenn man es genau betrachtet, dann begannen die Unruhen in den Familien von meiner Seite und der meines Ex-Mannes in dem Moment, als die Chaträume aufkamen. Aber ich persönlich halte vom Chatten nicht viel, vielleicht wenn es um die enge Familie geht – also wenn der Partner zum Beispiel einen Job hat, bei dem er ständig unterwegs ist, dann geht das für mich in Ordnung. Zudem war und bin ich berufstätig, so dass ich abends auch mal Zeit für das Privatleben brauche. Aber ansonsten ziehe ich doch mein reales Leben vor. Und so lebten wir scheinbar glücklich bis zu dem Tag, an dem sich viele Firme aufgrund des Wegfalls der Berlin-Zulage aus Berlin verabschiedeten. Auch die Firma, in der mein Ex-Mann damals gearbeitet hat (RJ Reynolds Tabacco) blieb nicht in Berlin. Insofern wurde es für meinen Ex-Mann hier schwierig Arbeit zu finden, da er letztendlich doch nur einfacher Transportarbeiter war. Zeitweilig hat es dann immer noch geklappt, aber irgendwann ging nichts mehr und die Initiative war weg. Wir haben uns auseinander gelebt, und als ich wusste, dass ich mich ohne ihn besser fühlen würde, wusste ich über die nächsten Schritte Bescheid. Kurz und gut, ich habe mich von meinem Ex-Mann getrennt. Den Beschluss fasste ich dazu im Jahr 2000. Als ging der Run auf die Anwälte los. Es musste ja unter anderem der Versorgungsausgleich geklärt werden. Dann musste eine Beglaubigung über die Aufteilung des Hausrates her. Gleichzeitig waren, wenn es auch eine gütliche Scheidung war, zahlreiche weitere Termine bei Rechtsanwälten erforderlich.

Das Jahr 2001

Ich lebte nun schon über einem Jahr in meiner Wohnung allein und ging unter der Woche meinem Job bei einem Personaldienstleister nach. Ab und zu am Wochenende besuchten mich die Kinder einer Freundin, mit denen ich manchmal zum Fußball ging. Noch bis zum 21. März 2001 hatte ich Internet, danach dann allerdings abgeschafft. Ich dachte nämlich, dass ich schon viel über das Internet wusste, was dann aber doch nicht so war. Also ging ich für eine ganze Weile nur vom Internet-Cafe aus online. Es gab ja viel zu lernen, wie zum Beispiel über Anti-Virenprogramme. Irgendwie wurde die Unruhe in meinem Umfeld immer größer. Aber es hieß sich weiter auf die Arbeit zu konzentrieren. Das tat ich bis zum November auch noch. Jedoch war ich mehr denn je sensibilisiert. Eine Gesprächspartnerin empfahl mir dann auch dringend, meinen Arbeitgeber zu wechseln. So eine Tätigkeit könnte manche mitunter mehr denn je verunsichern. Der Sommer und der Herbst verliefen

doch etwas ruhiger. Ich hatte inzwischen das Umland kennen gelernt und mitbekommen, wie schön es draußen sein kann. Doch eines Abends im November kam die schlimme Stunde. Zu Hause ertastete ich einen vergrößerten Lymphknoten. Es ist der blanke Alptraum für jemand, dessen Mutter an Brustkrebs gestorben ist. Und richtig, es dauerte nicht lange, bis ich den Tumor in der Brust ertastet hatte. Nun musste ich also einen Arzt aufsuchen, der mich gleich zur Biopsie ins St. Gertrauden-Krankenhaus weitergeschickt hat. Am 20.12.2001 musste ich dann ins Krankenhaus, mir die Diagnose abholen. Es war Brustkrebs. Völlig fertig ging ich, damals war eine Nachbarin dabei, nach Hause.

Nach dem Gespräch mit dem Frauenarzt entschied ich mich dann aber doch dafür, eine Onkologin aufzusuchen. Ich zog damals gleich die Praxis in Betracht, bei der meine Mutter jahrelang in Behandlung war.

Die dortige Ärztin versuche mich erst einmal aufzubauen und schickte mich vor einer Behandlung in die Strahlentherapie.

Über die Weihnachtstage 2001 versuchte ich noch immer zu begreifen, was das bedeutete. Es hatte mich also auch erwischt, ausgerechnet mich. Seitens meines Arbeitgebers wurde ich erst einmal in den Urlaub geschickt. Ich sollte das alles klären. Heute weiß ich, dass er damals schon mehr wusste als ich! Aber verflucht noch mal, warum hat er das Problem nicht genau beim Namen genannt? Wer weiß, vielleicht wäre ich auch nie an Krebs erkrankt.

Das Jahr 2002

Am 14.01.2002 erhielt ich einen Anruf aus der onkologischen Praxis. Die Ärztin hätte etwas für mich erreicht und ich sollte doch am kommenden Tag um 8:00 Uhr in der Praxis erscheinen. Dies tat ich dann auch und hörte von ihr, dass es eine Behandlung geben kann, die mir ohne Operation helfen kann. Also bekam ich an diesem Tag meine erste Chemotherapie mit Epirubicin. Im Vorhin erhielt ich unter anderem auch Cortison. Letztendlich verkraftete ich die Therapie ganz gut. Nur waren sechs Stunden Aufenthalt in einer Praxis nicht unbedingt das, was ich mir erträumt hatte. Wer allerdings so gern lebt, nimmt einiges in Kauf damit er wieder so unbeschwert leben kann wie früher. Es folgten zwei weitere Behandlungen mit Epirubicin im Abstand von jeweils drei Wochen.

Am 25. März 2002 hatte ich meinen ersten Behandlungstermin in der Strahlentherapie. Bis zum 15.05.2002 dauerte die Behandlung an. Anschließend ging es mit der Behandlung mit dem CMF-Schema weiter – zwei Chemotherapien im Abstand von einer Woche mit anschließender Pause von zwei Wochen. Die Pausen sollen bei der Krebsbehandlung dazu dienen, dass sich die Zellen wieder erholen können. In der Zwischenzeit waren mir natürlich gleich nach Beginn der Chemo die Haare ausgefallen, was ich aber gar nicht so sehr an mich ranlassen wollte.

Am 9.9.2002 war ich laut Onkologin wieder arbeitsfähig. Allerdings machte man es mir bei der Rückkehr nicht einfach. Leider bekam ich nur Einsätze in einem Call Center. Ich hatte ja nicht begriffen, dass sich in den Chat-Welten etwas zusammengebraut hatte. Schließlich hatte ich auch durch meine Erkrankung überhaupt keine Zeit dafür.

Allein im ersten Jahr der Behandlung dürfte ich so etwa 50mal bei Ärzten gewesen sein.

Noch bevor ich wieder ins Arbeitsleben gestartet bin, schaffte ich mir Meerschweinchen an. Ich wollte unbedingt eine Verantwortung haben, damit ich mich nach der Primärbehandlung gegen den Krebs nicht hängen lasse. Schließlich wusste ich, dass die Rückkehr ins Arbeitsleben auch nicht einfach werden würde. Meine erste Meerli-Truppe zog ein – Daisy und Nicky, die mir zwei Monate später Lea schenkte. Bilder Davon sind auch im Internet zu finden.

Während der Behandlung war dann auch der Termin meiner Scheidung. Am 14. Februar 2002 verließen mein Ex-Mann und ich das Gericht als geschiedenes Ehepaar und als gute Freunde. Wir haben noch eine Weile weiter den Kontakt gepflegt, solange wie mein Ex-Mann in Berlin gelebt hat.

Das Jahr 2003

Wie gesagt, in all der Zeit ahnte ich nicht, was sich in den Chat-Welten zusammen braute. Während dieser Zeit hatte ich mal kurzfristig Kontakt zu meinen Cousinen, was dann aber einschlief. Wir hatten zu verschiedene Welten, als dass diese zueinander gepasst hätten.

Nach der Primärbehandlung musste ich für fünf Jahre Tabletten nehmen. Zwei Jahre lang davon bekam ich zusätzlich Spritzen. So war ich dann auch nicht hundertprozentig leistungsfähig. Mir wurde von meinem damaligen Arbeitgeber erklärt, man könnte mich nicht mehr brauchen. Außerdem hätte ich nur schlechte Arbeit geleistet und wäre auch schlecht im Privatleben. Ich muss noch mal daran erinnern, da ich nicht gechattet habe. Schließlich hatte ich schon mit meiner Krebserkrankung genug zu tun. Da war schließlich auch noch die Arbeit. Mit dem Wissen, was ganz besonders den Lebenswandel des anderen Zweiges der Familie angeht, ist mir natürlich klar, warum mir so einiges passiert ist. Auch ist klar, warum meine Karriere eine Achterbahnfahrt durchgemacht hat. Immerhin hatte ich in diesem Jahr noch einmal die Möglichkeit, sozusagen meine zweite Heimat anzusteuern – nämlich das Disneyland bei Paris.

Das schlimme an dieser Geschichte ist, dass man mir auch auf Nachfragen nie erzählt hat, was ich falsch machen würde. Ich würde angeblich schon wissen, was für ein schlechter Mensch ich wäre. Da brauche ich wohl nicht näher erklären, dass ich nach dieser Auskunft schon irgendwo am Boden zerstört war. Schließlich hatte ich kein Internet und ging doch eigentlich nur ganz normal arbeiten. Letztendlich wurde ich in eine Kündigungsgeschichte seitens meines Arbeitgebers verwickelt und bin dann einfach nur aus der Firma geflohen. Schließlich erhielt ich ja keine Antwort auf meine Fragen. Und im Internet war ich ja zu dieser Zeit nicht.

Das Jahr 2004

In diesem Jahr hatte ich zwei Arbeitsverhältnisse bei Callcentern. Doch ich muss auch erkennen, dass ich aufgrund der Medikamenteneinnahme (Tamoxifen in Verbindung mit den Spritzen Zoladex) über längere Zeit nicht voll arbeiten kann. Nun gab es im November für mich zwei Alternativen:

1.

Lauter Arbeitsverträge zu unterschreiben, die nur über ein halbes Jahr gehen und mir dadurch meinen Lebenslauf verbauen (Fast 20 Jahre öffentlicher Dienst und immerhin fünf Jahre bei einem Personaldienstleister).

2.

Ab in die Selbständigkeit und längerfristig etwas tun. Dann könnte ich auch an den Tagen etwas zu Hause tun, wenn ich nicht ganz so fit bin. Schließlich kann man sich ja zu Hause zwischendurch immer wieder hinlegen, wenn mich die Nebenwirkungen der Erkrankung schaffen.

Ehrlich gesagt entschied ich mich für die zweite Alternative. Eine langjährige Selbständigkeit vorzuweisen, schien mir empfehlenswerter als immer nur kurze Arbeitsverhältnisse mit einem halben Jahr Arbeitszeit. Ich hatte noch immer heftig mit den Nebenwirkungen der Medikamente durch die Nachbehandlung zu tun. Außerdem war mir immer noch nicht ganz klar, woher die Unruhe kam, die es in meinem Umfeld gab.

Jedoch hatte ich es mir zum Ziel gesetzt, mir eine neue Existenz aufzubauen. Wenn ich den Grund für die Unruhe schon nicht klären konnte, sowohl ich doch letzten Endes endlich wieder auf eigenen Füßen stehen. Aus sozialen Netzwerken habe ich mich jedoch auch während meiner Rückkehr schon weitestgehend raus gehalten. Ich wollte nämlich aus dieser Abhängigkeit von der Agentur raus, da ich auch mal wieder nach Paris fahren wollte. Ich erhielt damals allerdings wieder Hinweise, die ich alle nicht beachtet habe. Nun machte ich mich weiter auf die Suche nach Möglichkeiten, Geld zu verdienen.

Das Jahr 2005

Nachdem ich aus der Anschlussheilbehandlung zurückkam, entschloss ich mich zur Rückkehr ins Internet. Ich wusste ja nun, dass ich durch die Medikamente und deren Nebenwirkungen (Tamoxifen, Zoladex, später Arimidex) auf längere Zeit keinen Vollzeitjob packen würde.
Daher nahm ich die Rückkehr ins Internet vor und suchte nach

Möglichkeiten, mir Geld hinzu zu verdienen. Schon bald fand ich eine Seite mit dem Thema Paidmails klicken. Ich fand es interessant, zumal ich dadurch wieder eine kleine Aufgabe hatte, die mir Abwechslung bot. Dadurch lernte ich allerdings auch das Internet (ohne die Nutzung von Chats) von einer ganz neuen Seite kennen. Anmerkung: Bei Paidmails handelt es sich um Mails, die man bestätigt. Man bekommt Punkte gutgeschrieben, die zum jeweiligen monatlichen Termin umgerechnet werden. Mitunter waren dabei auch

Fragen zu beantworten. Der Betrag wurde dem Punkte-Konto gutgeschrieben und dann, wenn der Auszahlungsbetrag erreicht war, auf das gewünschte Konto überwiesen. Gut, für den einen oder anderen mögen das Peanuts sein. Jemand, der wie ich damals nicht mehr voll arbeiten konnte und so aus dem Arbeitsleben „gekickt" wurde, empfand das als „größeren" Reichtum.

Das Klicken der Paidmails hatte aber auch wieder einen ganz anderen Vorteil. Ich hatte nämlich plötzlich wieder, wenn auch in kleinem Rahmen, eine Art Verantwortung. Je besser ich dabei mitgemacht habe, desto mehr hat auch das kleine Team etwas davon gehabt. Letztendlich zählte dabei ja auch die Quote, die den Verdienst erhöht. Gleichzeitig behielt ich meinen geregelten Tagesrhythmus bei, der ja in der Regel so ist: Zwischen 5:00 und 6:00 Uhr aufstehen und ab spätestens 24:00 offline sein.

Ich hatte aber schon damals noch ganz andere Interessen. Zu

dieser Zeit (Genau kann ich das Jahr nicht mehr eingrenzen) hatte ich noch das damalige Premiere, wo ich oft den Goldstarkanal gehört habe.

Eines Tages hörte ich es: Komm steh wieder auf von Michael Morgan. Ich war sofort begeistert von dem Song. Sofort wusste ich, dass ist das Lied, was Du brauchst, wenn die Nebenwirkung von den Krebsmitteln zu stark sind – für mich damals schon ein absoluter Hammersong und dann noch diese Hammerstimme. Also bin ich auf die Suche nach dem Lied gegangen und fand es auf einer Best-of-CD von ihm. Nach diesem Song habe ich gleich mehrere Geschäfte durchkämmt. Gefunden habe ich die CD am Leopoldplatz bei Karstadt.

Haben mich die Nebenwirkungen der starken Medikamente mal zu sehr beeinflusst, dann habe ich mir den Song vorgespielt. Ich hatte es auch schon damals drauf, dass ich den Song mindestens zehnmal hintereinander gehört habe. Ein anderer Schlager war dann noch „Ich schicke Dir jetzt einen Engel" von Michelle. Die CD besorgte ich mir dann auch, um die Nebenwirkungen der Erkrankung nicht allzu sehr zuzulassen. Schließlich wollte ich, im Gegensatz zu meiner Mutter, mehr wie die sechs Jahre nach der Primärbehandlung überstehen.

Das Jahr 2006

In diesem Jahr nahm eine weitere Firma aus dem Bereich Serviceleistungen prüfen den Kontakt mit mir auf. Nun erhielt ich weitere Aufträge, in Unternehmen den Service zu prüfen. Damit machten sich auch neue spannende Eindrücke breit, da man ja einen neuen Einblick in die Wirtschaft bekommt. Schließlich waren die Aufträge nicht nur auf einige Bezirke Berlins beschränkt. So habe ich dann auch Ecken von Berlin wie in Hellersdorf das Einkaufszentrum kennen gelernt. Ich konnte nun endlich mehr an den Tagen tun, an denen ich nicht durch die Nebenwirkungen der Medikamente ausgebremst war. Das ganze habe ich natürlich mit den öffentlichen Verkehrsmitteln bewältigt, da ich keinen Führerschein habe.

Im Oktober 2006 war ich wieder einmal am Kurfürstendamm unterwegs. Noch immer hatte ich mit den Folgen eines zu großen Eisenverlustes zu kämpfen und hatte manchmal ein wackliges

Gefühl in den Beinen. Also entschloss ich mich, jetzt endlich einmal mit dem Sport anzufangen. Dazu ging ich zunächst zu einer Physiotherapie-Praxis, die bei mir in der Nähe war. Dort sprach ich dann auch gleich vor und bat sie um etwas: Wenn ich jemals mit Ausreden kommen sollte, dass ich nicht zur Gymastik rüber komme, dann sollen sie mich trotzdem auffordern, in die Praxis zu kommen. Schließlich wollte ich unbedingt endlich sportlich aktiv werden, da dies einfach auch der Gesundheit gut tut. Ich bekam die Kurve und war schon nach wenigen Monaten richtig gut drauf.

Das Jahr 2007

Es vergingen die ersten Monate mit dem Sport und ich stellte im Laufe des Jahres fest, zweimal die Woche reicht mir nicht mehr. Also suchte ich das Sportstudio in der Nähe auf und stellte mich vor. Ich sagte, dass ich sportlich aktiver werden wollte. Jedoch erzählte ich auch von meinem inneren Schweinehund, so dass ich sie auch bat, mich immer etwas mehr beim Sport ran zu nehmen. Geschehen sollte dies natürlich unter Berücksichtigung meiner sportlichen Voraussetzungen.

Je mehr Erfahrung ich hatte, desto mehr habe ich mir im Internet zugetraut. So lud ich dann bald auch Musik herunter. Allen voran war dabei natürlich der deutsche Schlager. Allen voran waren dies natürlich die wichtigsten Songs von Michael Morgan und von der Gruppe Wind. Ganz besonders mit den Songs von Michael dürfte es sich so verhalten wie mit den Filmen von Star Wars. Ich kann

nicht sagen, wie ich oft ich diese
schon gehört oder gesehen habe.
Diese können bei mir unbegrenzt
laufen. Auch heute noch habe
ich die CDs mit den Download-
Songs.

In der Zwischenzeit konnte ich
wieder weitere Aufgaben bei
neuen Unternehmen annehmen.
Das bedeutete aber auch, dass ich
langsam mit dem Paidmails klicken
aufhören musste. Die Tätigkeiten
bei den neuen Unternehmen
brachte schließlich mehr Geld ins
Portemonnaie, auch wenn ich noch
immer bei Hartz IV festhing.

Das Jahr 2008

Nun war ich im siebten Jahr nach der Diagnose. Noch immer musste ich zur Nachkontrolle, wozu auch das Abtasten, Sonografie und das große Blutbild gehören. Allerdings kam es zu Silvester zu einem Zusammenbruch meines Immunssystems. Ich reagierte auf irgendetwas allergisch. Keiner wusste woher das eigentlich kam. Also ging im Jahr 2009 die Rennerei zu den Ärzten erneut los.

Im Mai 2008 bekam ich dann den Tipp mit Textbroker, einem Portal fürs Texten im Internet. Dieser wurde mir von einem Nachbarn gegeben. Also habe ich mich gleich hingesetzt und einen Text geschrieben, der für die Einstufung benötigt wird. Gleich zu Anfang wurde ich in die Stufe 4 reingesetzt. Nun konnte ich Texte schreiben, die der Stufe 4 Sterne entsprechen. Also habe ich mich gleich rangemacht und los getextet. Gut, es reichte nicht, um von Hartz IV wegzukommen. Damals wusste ich aber immer noch nicht, dass ich einen „Klotz am Bein" hatte, der ausgerechnet aus meiner Familie kam. Die Monate verstrichen weiter und ich bewegte mich als Autorin bei Textbroker. So lernte ich dann weiteres über das Internet, wie zum Beispiel auch die Suchmaschinenoptimierung.

Im Dezember konnte ich einen weiteren Erfolg für mich verbuchen. Ich hatte bei Textbroker für einen Auftraggeber eine Vielzahl von Produktbeschreibungen angefertigt. Dabei handelt es sich unter anderem um den Herausgeber eines Entertainment-Magazins. Dieser sprach mich an, ob ich denn nicht in der Bewertung von Medien tätig werde wolle. Oh, was habe ich mich gefreut. Mit Textbroker klärte ich das ab und begann schon bald die Rezensionen für die ersten DVDs zu schreiben. Diese sind bei digitalvd.de nachzulesen. Das ist eine Tätigkeit, der ich mit wachsender Begeisterung bis heute gern nachkomme. Mittlerweile habe ich irgendwie mehr als 1800 Rezensionen geschrieben und bin immer wieder darüber begeistert, welcher gedankliche Spielraum bei den DVDs sich hier eröffnet. Vor allem lernt man auch die unterschiedlichen Genres besser kennen. Auch die interessanten Details, die durch die wissenschaftlichen Arbeiten bei den Dokumentationen herauskommen, sind das Anschauen wert.

Das Jahr 2009

Juchhu, ich habe eins – das iPhone. Wow, was für ein Klasseteil mit iPod. Klar dass ich sofort einiges an Musik dort raufgeschickt habe. Klar, darunter befand sich unter anderem auch Musik von Michael Morgan, Wind, Jose Feliciano und Miguel Rios.

Großer Ärger kam in mir auf, als mein erst zwei Jahre alter Fernseher kaputtging. Aber gut, da ich eh am Computer meine DVDs geschaut habe, war das nicht so schlimm.

Doch ich musste auch während der gleichen Zeit, wieder zu den Ärzten. Ich bekam nur noch schlecht Luft und durfte keine Treppen mehr steigen. Also lebte ich vorübergehend bis zu meinem Umzug im Erdgeschoß und pendelte zwischen dem vierten Stock und dem Erdgeschoß hin und her. Als ich dann in Spandau lebte, ging der Ärger gleich wieder los. Und dabei habe ich nicht einmal irgendwie etwas gemacht. Vor allem wusste ich eines, ich habe ja noch nicht einmal mit

irgendjemand gechattet.
Stattdessen erwartete mich jetzt
des Nachts um 1.00 Uhr Musik,
irgendetwas Undefinierbares. Da
ich meine Arbeit liebe, habe ich
beschlossen, noch mal umziehen.
Schließlich hing ich auch an
meiner Arbeit.

Von einigen Mietern habe ich mich
damals sicherheitshalber fern
gehalten. Immer noch war ich
sportlich aktiv, auch wenn ich
manchmal mit ein paar
Rückschlägen zu kämpfen hatte.
Dabei nutze ich ganz besonders
gern das Laufband. Ich schätze
mal, dass die Chat-Aktivitäten
jener Dame auch damals eine Rolle
gespielt haben. Mich jedenfalls hat
man niemals in einem Chat
erreichen können und mich wird
man dort auch nie erreichen
können.

Das Jahr 2010

Im Jahr 2010 musste ich erneut umziehen. Noch hatte ich keine Ahnung, warum es wieder Stress gab. Also zog ich nach Wedding. Irgendwann in diesem Jahr (muss es meiner Meinung nach gewesen sein), als mir jemand in meinem Umfeld auffiel, der fast einen traurigen Eindruck gemacht hat. Allerdings konnte ich ihn auch nicht bildlich zuordnen. Einmal habe ich ihn in einem Bus gesehen. Ich wusste, dass ich diesen Mann kannte, aber nicht woher. Schließlich hatte ich auch noch mit den Nachwirkungen von den Medikamenten zu kämpfen. Gerade bei einer Brustkrebsbehandlung ist inzwischen auch bewiesen, dass das Gedächtnis unter den Medikamenten leiden kann.

Wieder war eines auffällig – es herrschte Unruhe. Allerdings war diese immer noch nicht einzuordnen. Ich ging meiner Arbeit nach, um endlich den Absprung aus Hartz IV zu packen und wieder in der endgültigen

Unabhängigkeit zu landen. Den Job mit Serviceleistungen prüfen legte ich auf Eis, da es mir zu unruhig war.

Vor allem war es wieder auffällig, dass mich alle auf das Chatten ansprachen. Doch wie bereits mehrfach erwähnt, ich chatte aus Prinzip nicht.

Bei Recherchen nach weiteren Portalen zum Texten fand ich jetzt glatt ein Portal, das sogar täglich auszahlt. Es versteht sich von selbst, dass ich mich dort gleich angemeldet habe.
Wieder wurde ich für das Schreiben mit vier Sternen ausgezeichnet.
Ich begann dann auch gleich wieder los zu schreiben. Gut, es hat mich zwar auch noch nicht dauerhaft von Hartz IV weggebracht. Aber immerhin hatte ich nun einen Weg mit täglicher Auszahlung gefunden. Das heißt, ich musste keine Angst mehr haben, einen Tag mal ohne Geld dar zu stehen. Und ich fand dann auch noch weitere Möglichkeiten, wie man wieder zu mehr Verdienst kommen kann.

Gerade zu einem Zeitpunkt, als ich glaubte, es würde Ruhe einkehren, hatte das Schicksal noch etwas anderes vor. Dort hörte ich ab und zu Radio und kam dann durch die Freundschaftseinladung einer Berliner Rundfunk-Moderatorin (rs2) zu Facebook. Zuvor hatte es schon einmal eine Einladung von einem meiner Auftraggeber gegeben, woraufhin ich erneut in eine Stresssituation geraten bin.

Dadurch konnte ich im Jahr 2009 noch nicht bei Facebook aktiv werden.

Oh, diese Welt bei Facebook war neu und ich vielleicht am Anfang mit dem Posten etwas naiv. Noch hatte ich ja keine Ahnung, worum es bei der Geschichte ging und ahnte auch noch nichts von dem, was mir bevorstehen sollte. Noch war ich ziemlich neu bei Facebook und hörte nur ab und zu während der Texterei Radio. Dann eines Morgens wurde mir ein Posting zum Thema Kontaktlinsen (ich trage etwa seit 1994 Kontaktlinsen) im Radio vorgelesen. Und dann nahm sie Kontakt mit mir auf – meine Cousine G. Ich hatte sie etwa drei Jahrzehnte lang nicht gesehen und keinen Kontakt mit ihr gehabt. Ein paar Tage später kam sie gleich vorbei. Ich werde nie vergessen, dass sie unbedingt verhindern wollte, dass ich zu Facebook oder zu Stayfriends komme.

Allerdings hat sie mir auch gesagt, wie sie lebt und was sie von

Männern erwartet – nämlich nur die schnelle Nummer und sonst nichts. Durch die Vernetzung per Skype konnte ich diese Dame dann beobachten, was dazu führte, das mir immer mulmiger wurde. Denn schließlich konnte ich live miterleben, wie sie mit den Männern umgeht und das sie offenbar vor diesen nicht gerade Respekt hat. Mir wurde erst im kommenden Jahr klar, dass mir genau der Grund gegenüber saß, dem ich alles Übel während der vergangenen Jahre zu verdanken hatte.

Das Jahr 2011

Im Februar 2011 war es dann soweit. Eine Facebook-Freundin meinte zu mir, ob ich denn überhaupt einmal schlafen würde. Ich sagte, ja klar mache ich das. Doch ihr Satz ging mir nicht aus dem Kopf. Damals wusste ich nämlich noch nicht, dass man bei Facebook für den Chat online erscheint, wenn man sich bei Facebook einloggt. Während der Zeit, die ich mit dieser Dame vernetzt war, konnte ich dann ihre Aktivitäten beobachten. Ich bin von Natur aus Frühaufsteher, weil ich einfach mehr vom Tag haben möchte. Jedes Mal, wenn ich aufstand, war sie schon online. Da ich bereits früher bereits ab und zu gehört hatte, ich würde angeblich nur chatten, war mir dann plötzlich auch klar, was hier passiert war. Man muss auf sie getroffen sein und hat sie für mich gehalten und diese Geschichte schön weit verbreitet.

Leider bin ich wenige Tage später erneut erkrankt und musste sogar wieder mit Verdacht auf Krebserkrankung leben. Am 1. April 2011 war ich dann von der Gefahr befreit und musste erst einmal wieder Kräfte sammeln. Zu groß war die Freude, dass ich diesmal verschont geblieben bin. Schließlich gab es jetzt allerdings ein gewaltiges Problem zu lösen. Wenn ich diese Geschichte zum Wohle von mir und auch von meinem Umfeld auflösen wollte, musste ich aus mir herauskommen und mich öffentlich präsentieren.

Der Vorteil war ja an dieser Geschichte, dass man nicht wusste, was ich alles beruflich gemacht habe. Ich musste also nun lernen, mich im Internet zu präsentieren. Schließlich war ich zu diesem Zeitpunkt bereits bei mehreren Firmen aktiv. Außerdem hatte ich ja eine mehr als 30jährige Berufslaufbahn. Mich im Internet zu zeigen, war auch das einzige, was diese Geschichte zu einem guten Ende führen konnte. Gleichzeitig entschloss ich mich, meine Accounts mit ganz aktuellen Profilbildern zu versehen.

Doch dazu musste ich
erst einmal einen Weg finden, wie ich noch weiter sorgfältig vorgehe. Dadurch, dass ich diese Dame beobachten in vielen Dingen beobachten konnte (auch in ihrer Ausdrucksform), wusste ich, dass ich aufpassen muss. Das schlimme ist jedoch, dass es gar nicht soweit hätte kommen brauchen.
Schließlich war die Geschichte bereits im Jahr 2000 bekannt und bei einem einzigen Wort meines Ex-Arbeitgebers hätte die Geschichte beendet sein können. Eine Klärung hat dieser jedoch absichtlich unterlassen. Ich wüsste, schon was ich falsch machen würde.

Nach dem mir nun der konkrete Zusammenhang klar war, was hier passiert ist, habe ich mich oft bei einem einfachen Wunsch ertappt:

Hätte ich nicht immer noch die Sachbearbeiterin sein können, die über die Restitution von Grundstücken entscheidet?

Aber diese Tätigkeit hat letztendlich auch etwas Gutes gehabt. Sie härtet ein Stückweit ab und man weiß auch in juristischen Gebieten Bescheid. Dazu kommt, dass diese Dame bei Facebook diese Spielchen wie Farmville oder Cityville mitmacht, worum es beispielsweise um Städte bauen geht. Ich habe kurz reingeschnuppert, aber das wird nach ein paar Leveln echt langweilig. Oh Gott, wie lange man braucht, um da später von einem Level ins andere zu gelangen. Also habe ich wieder aufgehört. Und außerdem: Wenn man zehn Stunden am Tag am Computer sitzt, braucht man als Abwechslung einfach mal das Real-Life.

Plötzlich war mir allerdings auch klar, warum ich früher Anrufe von wildfremden Männern erhielt, die zu mir in die Wohnung kommen wollten. Schließlich hatte mir ja diese Person gesagt, was sie für ein Leben führt. Und ich war ja zu dem Zeitpunkt im Internet nicht präsent. Diese hatte

ich natürlich alle abgewiesen und ihnen erklärt, sie müssten wohl falsch sein. Hier hätten sie jedenfalls keine Chance.

Überhaupt war mir klar, dass hier ein Wirbel entstanden ist, der ein einzigartiges Ausmaß erreicht hatte. Allem Anschein hat auch mein Ex-Arbeitgeber bis heute die Geschichte nicht ganz verarbeitet. Das habe ich jedenfalls noch in diesem Jahr an verschiedenen Reaktionen gemerkt. Man muss sich mal überlegen, das es überhaupt keinen Sinn macht, dass ein ehemaliger Arbeitgeber noch nach neun Jahren Interesse an einem haben sollte – jedenfalls wäre das eine normale Erwartungshaltung gegenüber seinem Ex-Arbeitgeber. Noch dazu kommt, dass ich beruflich schon lange andere Wege eingeschlagen habe. Der geneigte Leser darf dazu gern einmal auf der Seite

„myheritage.com"

meinen Namen eingeben. Er findet dazu einen Stammbaum meiner Familie. Insbesondere sollte der Blick auf meinen Vater gelegt werden. Dieser (möge Peter in Frieden ruhen) hatte nämlich drei Geschwister, von denen sein einer Bruder vier Töchter hat. Eine seiner Töchter heißt Gabriele, die wie die anderen sehr im Chat aktiv ist. Vor allem ist sie des Nachts auch immer aktiv, wie ich eine Zeitlang beobachten konnte, wenn ich aufgestanden bin. Wer ein berechtigtes Interesse daran nachweisen kann, sollte sicherlich beim zuständigen Standesamt die erforderlichen Nachweise erhalten.

Ich hatte mich so sehr auf den Absprung aus Hartz IV gefreut. Nun musste ich schon wieder einmal anders agieren. Also begann ich meine Daten sukzessive ins Internet zu bringen. Dazu gehört auch meine umfangreiche Berufslaufbahn, da ich mehr als drei Jahrzehnte im Berufsleben stehe. Wenn man sehr lernbegierig
ist, kann da eine Reihe von Kenntnissen schon herauskommen.

Und ich versuchte weitere Wege zu finden, meine Präsentation sicherer zu machen. Natürlich habe ich dabei auch darauf geachtet, dass meine Profilfotos immer recht aktuell sind. Mich wird es nämlich stets nur mit Profilfotos geben und nicht mit irgendwelchen Fantasiegebilden.

Die Abschlussuntersuchung bei der Onkologin Doch die Zeit verging und es ging auf die endgültige Abschlussuntersuchung bei meiner Onkologin zu. Sie entließ mich mit den Worten, dass sie mich nicht mehr zur Behandlung sehen möchte. Na, keinen Wunsch erfülle ich ihr lieber als diesen. Wer will schon freiwillig irgendetwas mit Krankheiten zu tun haben. Was mir aber dann auch erst später klar wurde, war etwas anderes, was in Zusammenhang mit meinen Erkrankungen steht. Wenn man in all der Zeit auf diese Dame getroffen ist und sie für mich gehalten hat, dann werden hier wahrscheinlich wohl auch Zweifel an meiner Krebserkrankung verbreitet worden sein. Kein Wunder, dass es manchmal zu einem solch komischen Verhalten kam. Aber wie gesagt, ich mache mir nichts aus Chats und werde mein Verhalten gegenüber dem Chat auch niemals ändern.

Das Jahr 2012

Auch in diesem Jahr hat sich schon wieder einiges getan. Mein Leben ist echt auch turbulent programmiert worden. Anfang dieses Jahres habe ich bei einem Besuch auf der Grünen Woche ist mir auf der Grünen Woche jemand begegnet, den ich nicht kannte. Aber dieser Blick, WOW, einfach eindrucksvoll und unvergesslich. Wer weiß, vielleicht habe ich ihn ja inzwischen wieder gesehen? Dann wurde ich wieder in eine kuriose Geschichte verstrickt, die letztendlich den Anlass für diese Erzählung gab. Ich möchte verhindern, dass es zu weiteren Fehleinschätzungen kommt, nur weil jemand nicht begreifen will, dass es noch mehr Menschen gibt, die den gleichen Namen tragen. Vielleicht kann ich aber auch die Sensibilität wecken, dass man künftig bei derartigen Konstellationen intensiver ins Gespräch geht und nicht einen Zeitraum von zehn Jahren bis zu einem erneuten Versuch der Klärung vergehen lässt. Wie gesagt, beim Standesamt oder beim Landeseinwohnermeldeamt lassen sich solche Probleme oft klären.

Heute ist mir allerdings klar, warum es Mitarbeitergespräche gibt. Ich persönlich habe ein sehr zweigespaltenes Verhältnis zu Mitarbeitergesprächen. Jemand anderes wird mich nämlich nie wirklich gut einschätzen können. Dies hat aber auch damit zu tun, dass ich mir ein Stück weit mein Privatleben bewahren will. Wenn es allerdings darum geht, dass offenbar Namensverwechslungen vorliegen, dann gehören die Fakten seitens eines Arbeitgebers einfach komplett auf den Tisch. Lieber sollte ein Arbeitgeber ein ganz klares Gespräch führen, als das es zu einer riesigen Kette von Missverständnissen kommt. Mit einem derartigen offenen Gespräch, das die Fakten wirklich auf den Tisch legt, hätte bereits im Jahr 2000 viel vermieden werden können.

Jetzt im Jahr 2012 freue ich mich allerdings riesig darüber, dass ich das Reisen wieder entdeckt habe. Schon früher bin ich gern mal zu den Eisshows von Disney on Ice gereist, wenn diese beispielsweise mal in Oberhausen gastiert haben. Zudem ist das gut für meine Arbeit, wenn ich bei Reisetexten mehr über den entsprechenden Ort weiß. Was aber noch entscheidender ist: Ich fahre leidenschaftlich gern zu Konzerten. Da spielt es auch keine Rolle, wenn ich mal 20 Stunden mit dem Regionalexpress unterwegs bin. Es gibt Menschen, die es wert sind, dass man für ein Wiedersehen lange Fahrzeiten in Kauf nimmt. Oh, diese Musik ist einfach zu genial. Und der Schlager Insgesamt lässt einen doch irgendwo auch immer noch ein bisschen träumen, auch wenn die Welt noch so grau ist.

So war ich in diesem Jahr schon in Ludwigsfelde, zweimal in Saarlouis und jetzt auch in Versmolda. Es werden mit Sicherheit nicht die letzten Reisen gewesen sein, die ich antreten werde. Ich freue mich jedenfalls sehr, dass ich mit Michael Morgan inzwischen auch den Mann näher kenne, dessen Song „Komm steh wieder auf" für mich ein „Antriebsmittel" war, gegen die Erkrankung zu kämpfen.

Das ist übrigens das Ticket zur ersten Schlagernacht in Versmold:

Das Team von   Dirk Tabor & Ingo Reiche

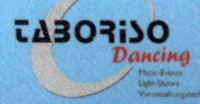

präsentieren

Die erste große
Versmolder Schlagernacht

MICHAEL MORGAN
MATTHIAS CARRAS
NICO GEMBA
SANDRA DIANO
DENNIS HENNING

26.10. VERSMOLD ALTSTADTHO

Erklärung zu den Chats:

Ich mache mir nichts aus den Chats, wie ich schon einmal im Laufe der Geschichte erwähnte. Erreichbar bin ich per PN, per SMS, per Whatsapp und per Email. Außerdem bin ich für einige wenige Kontakte auch via Skype erreichbar. Der einfachste Weg, mich zu erreichen, ist natürlich über Telefon. Es gibt da allerdings noch eine zweite Rufnummer, die nicht jeder bekommt.

Persönlich finde ich auch ein schönes Konzert interessanter als eine Unterhaltung im Chat. Das soll nicht heißen, dass ich ein gutes Gespräch nicht schätze. Allerdings soll das doch bitteschön im RealLife stattfinden. Auch eine schöne Eisshow (auch für diese reise ich gern einmal durch Deutschland) oder ein Besuch in den schönsten Einkaufszentren von Deutschland üben auf mich einen wesentlich größeren Reiz auf als eine Unterhaltung im Chat.

Zudem habe ich einmal gechattet und gemerkt, dass mir das viel zu sensibel ist. Was ist, wenn ich demjenigen nicht das entgegen bringen kann, was er von mir erwartet. Zudem hätte ich dann auch wieder weniger Freizeit und somit auch nicht für Spaziergänge oder gar für den Sport. Gerade den übe ich nämlich, auch wenn ich immer wieder einen Trainingsrückfall hinnehmen muss, mit großer Begeisterung aus.

Hinweis zur Familie

Der Familienstammbaum ist unter myheritage.de hinterlegt.
Er gibt Einblick in meine Familie und in die Familie meines Ex-Mannes.

Während meine Mutter Einzelkind war, hatte mein Vater eben drei Geschwister.

Im Übrigen lehne ich auch heute noch den Kontakt zu diesem Teil der Familie kategorisch ab.

Stayfriends und Facebook

Zwangsläufig musste ich mich
dann auch bei Stayfriends weg,
wenn ich mich nicht allzu sehr in
Kleinigkeiten verzetteln wollte.
Schließlich muss man erst einmal
lernen, mit so einer komplexen
Situation fertig zu werden.

Auch bei Facebook habe ich einige
Freunde in die Blockade geschickt,
weil ich nicht alles auf einmal
managen kann. Später ist mir
übrigens noch klar geworden, dass
mir früher einige Anrufe nicht
ausgerichtet worden sind.
Manchmal ging ich ans Telefon und
meldete mich, aber ich bekam
keine Antwort. Zeitlich
war ich damals sicherlich in der
Kontaktpflege nicht so gut drauf.
Was an Anrufen kam, wenn ich
nicht da war, kann ich nun nicht
sagen.

Facebook und die Bedeutung

Ich schätze heute Facebook, weil
ich dank dieses sozialen
Netzwerkes die Ursache für meine
Probleme gefunden habe.
Es ist ein verdammt beruhigendes
Gefühl, wenn man weiß,
dass man nicht selbst schuld ist.
Vor allem dürfte es aber auch
meinem Umfeld etwas mehr Ruhe
geben. Auf konkrete
Schuldzuweisungen, außer
gegenüber meinem Ex-
Arbeitgeber, möchte ich
verzichten. Ich hätte mich halt
auch viel eher im Internet
präsentieren können, hielt es aber
nicht für unbedingt nötig, da mir
mein reales Leben echt vorgeht.
Die Geschichte hätte echt im Jahr
2000 geklärt werden können. Doch
lieber hat diese Firma zugesehen,
wie hier eine Vielzahl von weiteren
Problemen entstehen kann und
Menschen geschädigt werden.
Geschweige denn, dass mein Ex-
Arbeitgeber mich absichtlich
in ein finanzielles Chaos gestürzt
hat, ohne den Hintergrund zu
klären. Und dieser war nun einmal
einfach im Jahr 2000 schon

gegeben. Stattdessen wurde lieber geschwiegen und ein nicht-haltbares Vorurteil geschaffen. Es hat mich eine ganze Weile beschäftigt, dass man plötzlich nicht mehr so viel wert ist, nur weil man krank ist.

Über mich:

Ja, so ist das. Es ist hat einen Vorteil, wenn man nicht im Internet über Chats erreichbar ist. Man hat doch einiges zu erzählen, weil man ja doch nicht so bekannt ist, sondern nur die Frau bekannt ist, die in den Internet-Welten lebt und scheinbar bis heute keine Lust hat, arbeiten zu gehen.

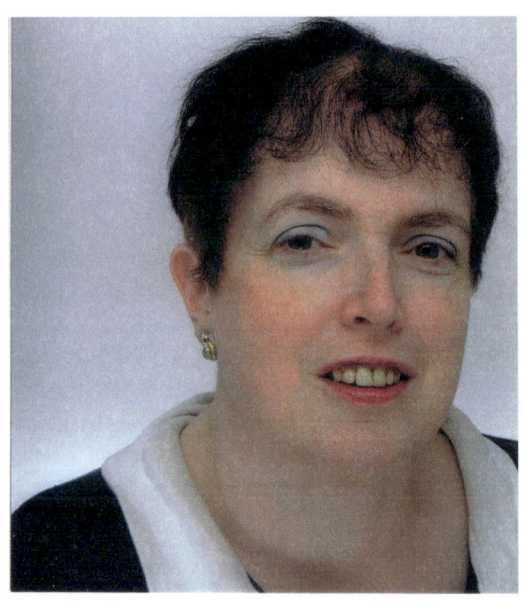

Geboren wurde ich in Berlin-
Moabit, wo ich dann auch
aufwuchs. Nach der Schulzeit
bewarb ich mich beim Senator
für Inneres und wurde gleich als
Auszubildende für den Beruf
Bürogehilfin angenehmen. Daraus
wurde letztendlich eine fast
zwanzigjährige Tätigkeit, zunächst
als Angestellte im Vorzimmer

und später als Sachbearbeiterin im
Amt zur Regelung offener
Vermögensfragen. Aufgrund des
Verweilens auf einer so

genannten KW-Stelle verließ ich den öffentlichen Dienst und suchte mir selber einen Arbeitgeber.

Mein beruflicher Lebenslauf in Kurzform

1979 bis 1998	**Lehre und Job im öffentlichen Dienst (Zum Schluss hatte meine Stelle einen KW-Vermerk – kann wegfallen) Vorzimmerangestellte Sachbearbeiterin – Restitution von Grundstücken**

1998 bis 2003

Personaldienstleister (Schade, dass man diese Zeit nicht streichen kann)

2005 bis laufend

Beginn der Selbständigkeit mit langsamen Ausbau der Tätigkeit auf weitere Bereiche

Tätigkeit beim Personaldienstleister

Dort war ich fast fünf Jahre als kaufmännische Sachbearbeiterin beschäftigt.

Schon während dieser Zeit gab es Situationen, die ich einfach nicht verstand. Ich schob die Verantwortlichkeit leider dann auch in eine ganz andere Richtung. Zudem gab es auch noch Spielereien, wie diese: Ja, machen Sie mal den Einsatz ordentlich zu Ende und ich verspreche Ihnen eine Überraschung. Also habe ich den Einsatz zu Ende gemacht, wobei der Überraschung aber ausblieb. Es gab noch zahlreiche andere Situationen, die mit dem Wissen von heute einen ganz anderen Sinn ergeben.

Bei welchen Projekten ich eingesetzt war, ist hier nicht von Belang. Aufgrund der dienstlichen Vereinbarungen gibt es auch eine Schweigepflicht über die jeweiligen ausgeübten Tätigkeiten.

Ein Dankeschön an mein Umfeld

Persönlich muss ich ein ganz großes Dankeschön an mein aktuelles Umfeld richten. Sie haben mir in einer ganz schwierigen Zeit zur Seite gestanden, als ich keine Ahnung hatte, was hier überhaupt in Bewegung ist. Diesen Dank kann ich gar nicht genug in Worte fassen. Auf diese Menschen in meinem Umfeld bin ich unglaublich Stolz und ihnen dankbar, dass sie mir während dieser Zeit so toll zur Seite gestanden haben. Schließlich musste das ja auch für sie keine einfache Situation gewesen sein, wenn da eine Frau mit dem Namen rum läuft und für derartige Kapriolen sorgt.

Hobbys:

Das ist ein Thema, das wohl schwer einzugrenzen ist.

Das wäre zunächst einmal die vielen Fernsehserien, wobei es immer noch ein paar Favoritensendungen gibt.

Dann wäre da vor allem auch der deutsche Schlager. Oft hatte ich sogar einen CD-Walkman mit, um diese und andere Hits (nämlich Abba) zu hören. Dabei laufen eben manche Songs mehrmals hintereinander.

Dann ist da noch der Fußball. Zu Fußballspielen gehe ich auch ganz gerne mal. Gut meine Hobbys kommen immer ein Stück weit zu kurz. Die Liste ließe sich noch nach Belieben fortführen.

Tätigkeit im öffentlichen Dienst

Allein von 1993 bis 1998 war ich bei der Senatsverwaltung für Finanzen tätig. Dort habe ich mich zunächst um die Bearbeitung von Anträgen zur Aufhebung der Staatlichen Verwaltung beschäftigt. Anschließend war ich im Referat Volkseigentum beschäftigt. Bei dieser Tätigkeit wurde eine Prüfung vorgenommen, ob Grundstücke an die Alteigentümer zurück übertragen wurden.

Mit der Tätigkeit im öffentlichen Dienst waren auch zahlreiche Weiterbildungen verbunden. Schließlich ging es ja um die Beachtung von Gesetzen.

Nachwort:

Ich hoffe, dass es nie wieder zu so
einer Geschichte kommen kann.
Alles wäre einfach vor zwölf
Jahren zu klären gewesen.
Leider hat mein Ex-Arbeitgeber
versagt.
Und liebe Arbeitgeber: Nicht jeder,
der im Internet ist, chattet
auch zwangsläufig. Wenn ihr das
Gefühl habt, da läuft etwas
ganz schief, dann legt bitte lieber
gleich ausführlich die Karten
auf den Tisch. Es bringt nichts die
Geschichte Jahre danach
noch zu verfolgen und immer mehr
Menschen ins Unglück zu
stürzen.

Ein einziges Gespräch kann klären,
ob es da eventuell
noch andere Verwandte gibt und
so vielleicht eine Menge Unglück
verhindern können.

Erreichbarkeit in Chats und ... ...e:

**Mich wird man jedenfalls auch
weiterhin nicht in Chats erreichen
Wer es möchte, kann mich gern
per E-Mail, per PN, per Whatsapp,
per SMS oder per Telefon
kontaktieren. In die Liste bei
Skype nehme ich jedoch nur die
engsten Kontakte auf.**

Herstellung und Verlag:
BoD – Books on Demand, Norderstedt
ISBN 978-3-8482-1631-4